Inhalt

W0469312

Das Tier-Abc

Aal Affe Ameise

Biene

Dickbauchschwein

Ente

Fliege

Giraffe

Hornisse

Krokodil

Leopard

Nilpferd

Orang-Utan

Regenwurm

Seehund

Tiger

Walfisch

X-Bein-Dackel

Yak

Zebra

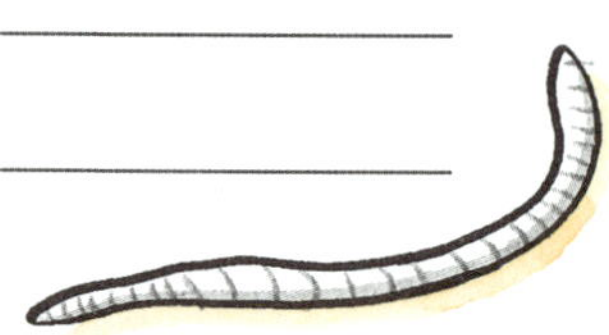

Alphabet wiederholen, nach dem Alphabet sortieren

1 Trage diese Tierwörter nach dem Abc in die ganz leeren Zeilen ein:
Vogelspinne, Igel, Uhu, Qualle, Jaguar, Collie, Pferd, Meerschweinchen

2 Diese Tierwörter musst du vor oder hinter einem Tiernamen eintragen:
Bär, Drache, Esel, Frosch, Gans, Hering, Katze, Lama, Nacktschnecke, Ochse, Ratte, Spinne, Tintenfisch, Wespe, Zaunkönig
Überlege: Kommt das Wort im Abc vor dem Tiernamen, der schon dasteht, oder danach?

Specht	1	____________________
Scholle	2	____________________
Seeigel	3	____________________
Schmetterling	4	____________________
Salamander	5	____________________
Seepferdchen	6	____________________
Seidenspinner	7	____________________
Schlammspringer	8	____________________
Schäferhund	9	____________________
Storch	10	____________________
Schmierfink	11	____________________
Schnecke	12	____________________
Schneehase	13	____________________
Spatz	14	____________________

3 Ordne diese Tiernamen nach dem Alphabet und schreibe sie der Reihe nach auf.

4 Welches dieser Wörter bezeichnet kein Tier? Unterstreiche das Wort.

Das ist eine **Überschrift**: # Gewitterlied

Das ist der Name des **Dichters**: *James Krüss*

Das ist ein **Vers**: Schwarz sind die Wolken.
Ein erster Blitz.
Die Hähne krähen
so schrill und spitz.

Das ist eine **Strophe**:
Die Vögel zittern
und sind so stumm.
Da rollt der Donner:
rummbumm, rummbumm!

Das ist ein **Reim**.

Mit Blitz und Regen
und Wolken schwer
braust das Gewitter
von Westen her.

1 Eine Zeile in einem Gedicht nennt man **Vers**.

Dieses Gedicht hat __________ Verse.

2 Einen Absatz in einem Gedicht nennt man **Strophe**.

Dieses Gedicht hat __________ Strophen.

Jede Strophe hat __________ Verse.

3 Sätze, die am Ende ähnlich klingen, nennt man **Reime**.
Schreibe die Reimwörter dieses Gedichts auf:

____

4 Trage in die Lücken die passenden Wörter ein.

Der erste Vers besteht aus einem __________ .

Die __________ Strophe besteht aus einem einzigen Satz.

Der __________ und der __________ Vers in jeder Strophe reimen sich.

Handwerkszeug zum Lesen

Das sind Arbeitsaufträge, die du oft liest – aber manchmal auch überliest:

Markiere	Streiche durch	Umfahre
Male an	Unterstreiche	Kreuze an
Hake ab	Ziehe senkrechte Striche	

In diesem Text kannst du ausprobieren, ob du genau liest und Arbeitsaufträge richtig ausführst  Male zuerst alle Bilder an, die für die Satzschlusszeichen stehen  Nummeriere jetzt alle Zeilen am linken Rand  Markiere alle Satzanfänge  Unterstreiche alle Nomen mit einem Lineal  Umfahre dann alle Wörter mit zwei Buchstaben  Gliedere alle zweisilbigen Nomen, ziehe dazu senkrechte Striche  Kreuze alle Zeilen am rechten Rand an, die eine gerade Zahl haben  Hake alle Zeilen am rechten Rand ab, die eine ungerade Anzahl haben.

1 Lies den Text genau und führe die angegebenen Arbeitsaufträge aus.

2 Welcher der oben aufgeführten Arbeitsaufträge fehlt in dem Text?

Schreibe ihn auf: ______________________________

3 Führe diesen Arbeitsauftrag in dieser Zeile durch.

Viele Bandwürmer

siehdirdieseseitegenauanduwirstentdecken
dasswortabständeundsatzschlusszeichenfehlenund
nurkleinebuchstabenzusehensind

dasisteinbandwurmtextfürkinderkindersollenmit
diesemtextlernenaufmerksamzulesenundsichgenau
zukontrollieren

nimmdirjetzteinenbleistiftundkennzeichnedie
wortabständedurchsenkrechtestricheliesdiraber
ersteinezeiledurchbevordudiewörterabtrennst

markieredanachdiesatzgrenzendurcheinendicken
rotensenkrechtenstrich
wennduneunrotesenkrechtestrichegezogenhasthastdualles
richtiggemachtsowirstdubaldeinleseprofi

1 Lies die Bandwurmsätze.
Alles, was du tun sollst, steht ganz genau in dem Text.

2 Suche alle Nomen heraus und unterstreiche sie.
Schreibe den Anfangsbuchstaben groß über jedes Nomen.

Wie viele Nomen findest du? ____________________

Paula gibt auf

Paula gibt.
Paula gibt auf.
Paula gibt auf die Torte etwas Sahne – und findet es lecker.

Der Hamster geht.
Der Hamster geht ein.
Der Hamster geht ein Stück durch den Käfig – und legt sich hin.

Niklas friert.
Niklas friert ein.
Niklas friert ein bisschen – und setzt sich eine Pudelmütze auf.

Kira bricht.
Kira bricht zusammen.
Kira bricht zusammen mit Lara eine Blume ab – und riecht daran.

Elias fährt.
Elias fährt seinen Bruder.
Elias fährt seinen Bruder um.
Elias fährt seinen Bruder um den Garten herum – und kommt zurück.

Lena macht.
Lena macht sich.
Lena macht sich ein.
Lena macht sich ein Stück Schokolade.
Lena macht sich ein Stück Schokolade ab – und isst es auf.

1 Lies die einzelnen Sätze in einem Absatz hintereinander.
Mache bei jedem Punkt eine Pause.

2 Lest zu zweit oder in der Gruppe.
Jeder liest einen Satz, dann liest der andere.

3 In welchem Satz steht, …
… dass jemand zusammenbricht?
… dass sich jemand übergeben muss?
… dass sich jemand in die Hose macht?
… dass jemand stirbt?
Unterstreiche diese Sätze.

Buchstabenfamilie mit M

Das ist ___amilie Mümmelmann,
mit M beginnt ihr ___ame.
Die ___utter, die heißt Miriam,
die ___inder Max und Monika,
die spielen gern ___elodika.
Ihr ___ater heißt Mike Mümmelmann,
ihr ___eerschwein Maximilian.
Der ___ater isst gern Meerrettich.
___ein Mundgeruch ist mörderlich!
___ie Mutter mixt sich Müslibrei
mit ___ilch und Mus und mancherlei.
Max mag gern ___andarinen
und Monika ___osinen.
Das Meerschwein ___aximilian
mampft morgens meistens ___arzipan.

1 Lies dieses Gedicht vor.
Wenn du nicht gleich alles richtig lesen kannst: Macht nichts!

2 Schreibe in die Lücken die fehlenden Buchstaben hinein.
Sie werden alle großgeschrieben

3 Lies das Gedicht dann noch einmal vor.

4 Schau dir das Bild an.
Darauf ist ein Fehler! Streiche ihn an.

Auf dem Apfelbaum

Das ist der dicke Apfelbaum.

Das ist der Ast am .

Das ist ein Zweig am vom .

Das ist ein Nest auf dem am vom .

Das ist ein Ei in dem auf dem am vom .

Das ist die Meise Pinkepank.

Die sitzt auf dem im auf dem am vom und brütet.

Das ist der Kater Bogumil.

Der klettert auf den zum bis hin zum vom .

Die kriegt einen Schreck!

Dann fliegt die vom aus dem auf den am vom davon.

Der klettert vom auf den vom und springt wieder runter.

Der wird die auf dem im auf dem am

vom – niemals erwischen.

1 Lies dir die Geschichte immer wieder selbst vor, bis du sie gut lesen kannst.
Denke daran: Lies immer: ***dicker Apfelbaum, Meise Pinkepank, Kater Bogumil!***

2 Male in die leeren Felder die richtigen Bilder hinein.

3 Schreibe den letzten Satz auf:

Der ____________ wird die ____________ auf

dem ________ im ____________ auf dem ____________

am ____________ vom ____________ niemals erwischen.

Mein Ding

An meinem Ding kann man sehen, wie spät es ist.
Es hat Zahlen, die kann man auch im Dunkeln sehen.
Wenn es morgens rasselt, steht meine Mutter auf.

Aus meinem Ding kann man hören, wie spät es ist.
Meistens macht das Ding Musik.
Dann muss man warten, bis jemand die Uhrzeit sagt.

An meinem Ding kann man sehen, wie spät es ist.
Ich habe es immer bei mir.
Jede Stunde schlägt es laut: Bong, bong!

An meinem Ding kann man auch sehen, wie spät es ist.
Ich habe es auch immer bei mir.
Manchmal piept es. Dann ruft jemand an.

An meinem Ding kann man sehen, wie spät es ist.
Man kann es sogar hören.
Jede halbe Stunde macht es zweimal: Bong, bong!

1 Welches Kind meint welches Ding? Schreibe den Namen des Kindes links neben den passenden Text.

2 Welches Kind sagt etwas Falsches? Streiche den falschen Satz durch.

3 Ein Kind spricht über ein Ding, zu dem es kein Bild gibt. Zeichne dieses Ding.

Komische Unordnung

1 Lies diese beiden Texte erst einmal so vor, wie sie da stehen, von Zeile zu Zeile.
Das klingt ziemlich verrückt! Aber es macht auch Spaß.

Komische Arbeiten!
Der Bäcker backt Brot und Häuserwände
mauert der Maurer die Kühe
melkt die Bäuerin das Unkraut
rupft die Gärtnerin den Schornstein
fegt der Schornsteinfeger Schulhefte
verkauft die Verkäuferin im Laden den Müll
holt das Müllauto jede Woche einmal ab.

2 Lies den Text leise vor dich hin. Mach immer dort eine Pause beim Lesen,
wo ein Gedanke zu Ende ist und ein neuer Gedanke anfängt:

Der Bäcker backt Brot | und Häuserwände
mauert der Maurer | ...

Ziehe einen Pausenstrich, wo du eine Pause beim Lesen machst.

Was für eine Unordnung!
Die Mutter sagt:
„Bei uns sieht es wieder einmal fürchterlich aus in der Küche
da steht der Küchenschrank im Schlafzimmer auf dem Bett
da liegen die Kopfkissen im Schuhschrank auf dem Flur
da stehen die Schuhe an der Wand im Wohnzimmer
da hängen die schönen Bilder auf dem Wäscheständer im Garten
da hängt die Wäsche auf dem Fensterbrett im Kinderzimmer
da stehen die Blumen im Papierkorb
da liegt Papier.
Wir müssen endlich mal wieder Ordnung schaffen!“

3 Setze auch in diesen Text die Pausenstriche ein.
Dann kommt wieder Ordnung in das Haus!

4 Lies dir zum Schluss die beiden Texte noch einmal so vor, wie sie sinnvoll sind.

Nein, mein Bruder ist stärker

Bist du stärker als dein Bruder?	Nein, mein Bruder ist stärker!
Mein Bruder ist aber stärker als deiner!	Nein, mein Bruder ist stärker!
Was hast du denn gestern gemacht?	Ich habe gestern an meine Oma geschrieben.
Willst du nicht mal deiner Oma schreiben?	Ich habe gestern an meine Oma geschrieben.
Hast du wieder vor der Glotze gesessen?	Nein, ich war vorhin mit dem Hund draußen.
Geh doch mal mit dem Hund Gassi!	Nein, ich war vorhin mit dem Hund draußen!
War Lotte vorhin mit dem Hund draußen?	Nein, ich war vorhin mit dem Hund draußen!
Hast du dir in der Pause etwas gekauft?	Nein, ich habe mein Brötchen gegessen.
Hast du dein Brötchen etwa weggeworfen?	Nein, ich habe mein Brötchen gegessen!
Hast du dein Brötchen Lena gegeben?	Nein, ich habe mein Brötchen gegessen!
Habt ihr das Spiel verloren?	Nein, wir haben gewonnen!
Diesmal haben wohl die anderen gewonnen.	Nein, wir haben gewonnen!
Wir waren heute im Freizeitpark.	Und wir waren heute im Schwimmbad.
Wir waren gestern im Schwimmbad.	Und wir waren heute im Schwimmbad.

1 Suche dir einen Partner oder eine Partnerin.

2 Einer liest immer die Sätze links,
der andere antwortet mit den Sätzen rechts.
Betont dabei die unterstrichenen Wörter,
lest sie also besonders laut und deutlich.

3 Arbeite jetzt allein. Lies dir die letzten Sätze links leise vor
und dann die Sätze rechts.
Unterstreiche immer das Wort, das besonders betont werden muss.

4 Und jetzt lest das Ganze noch einmal vor.
Dabei soll jeder einen Absatz allein vorlesen.
Achtet darauf, welche Wörter ihr in den Sätzen rechts betont.

Tonband

Pferde und Dinosaurier

1 Dieses Gespräch müsst ihr zu zweit lesen, am besten ein Mädchen und ein Junge.
Was der Junge liest, steht auf dieser Seite.
Was das Mädchen liest, steht auf der Rückseite.
Keiner weiß, was der andere sagen wird, deswegen müssen beide aufmerksam zuhören.
Und jetzt fängt der Junge an:

Was liest du denn da?

So was liest du?

Ich mag lieber Bücher über Dinosaurier.

Sag bloß, du hast ein Pferd!

Zum Glück nicht!

Weil die viel zu gefährlich waren. Zum Glück sind sie ausgestorben.

Weil sie so riesig waren.

Aber Dinosaurier waren viel größer.

Damals gab es noch keine Mädchen, die nur das Reiten im Kopf hatten.

Als die Dinos lebten, gab es überhaupt noch keine Menschen.

Was soll daran komisch sein?

Sag mal, spinnst du? – Mädchen haben doch keine Ahnung!

Pferde und Dinosaurier

1 Dieses Gespräch müsst ihr zu zweit lesen, am besten ein Mädchen und ein Junge.
Was das Mädchen liest, steht auf dieser Seite.
Was der Junge liest, steht auf der Rückseite.
Keiner weiß, was der andere sagen wird, deswegen müssen beide aufmerksam zuhören.
Und jetzt fängt der Junge auf der anderen Seite an und du antwortest ihm.

Das ist ein Pferdebuch.

Na klar! Ich liebe Pferdebücher.

Diese uralten Viecher! Pferde gibt es wenigstens noch.

Nein, leider nicht! Hast du vielleicht einen Dinosaurier?

Wieso zum Glück?

Und warum interessieren sie dich dann?

Pferde sind auch ganz schön groß!

Aber Pferde leben wenigstens noch. Sag mal, konnte man auf Dinos auch reiten?

Schade! Auch keine Jungs?

Das finde ich aber komisch!

Dann haben also die Dinos ihre Bücher selber geschrieben, oder?

Dafür lesen Jungs superschlaue Bücher von toten Tieren,
auf denen man nicht einmal reiten konnte!

Tonband!

Gedicht mit Gefühl

Eingemackelt, angestotzt,

zugerackelt, ausgelotzt,

in den Tuschenrauch noch schnösen,

brutzen, klatzen, britzen, krösen,

und jetzt einen Schnuffdich machen.

Das ist wirklich nüch zum Schachen!

1 Dieses Gedicht aus Fantasiewörtern kannst du ganz verschieden vortragen. Aber du musst es üben! Probiere einmal aus und lies so:

Du bist krank und hast Schnupfen.	→	Lies das Gedicht leise und langsam.
Du bist furchtbar wütend und schimpfst.	→	Lies das Gedicht laut und schnell.
Du hast Angst und es gruselt dich.	→	Lies mit ängstlicher Stimme.
Du findest das Gedicht komisch.	→	Lies so, als wolltest du dich totlachen.
Du findest das Gedicht langweilig.	→	Lies leise und gähne dabei.
Du findest das Gedicht traurig.	→	Lies mit weinerlicher Stimme.
Du findest das Gedicht wichtig.	→	Lies laut und mit erhobenem Zeigefinger.

Denke daran: Es kommt nicht so sehr darauf an, dass du jedes Wort richtig liest. Wichtig ist, dass die anderen Kinder hören, mit welchem Gefühl du sprichst. Stell dir vor, du wärest ein Schauspieler oder eine Schauspielerin. Übertreibe beim Sprechen. Das macht Spaß!

Ameisen krabbeln ...

Im Hof unten, bei den Mülltonnen sitzt immer der Gerhard. Jeden Tag hockt er dort. Stundenlang! Den Ameisen schaut er zu. Die Ameisen kommen aus einem Riss in der Hausmauer. 6000 verschiedene Ameisenarten gibt es auf der Erde. In Dreierreihen wandern sie die Mauer hinunter, über den Betonboden und dann die Mülltonne hinauf. Wenn sie aus der Mülltonne wieder herauskommen, tragen sie Beute mit sich: ein Reiskorn, ein Brotbrösel, eine Winzigkeit Apfelschale und allerhand Krümel, denen man nicht ansieht, woraus sie bestehen. Ameisen leben in einer sehr gut organisierten Gemeinschaft, in der jede Ameise ganz klare Aufgaben hat. Der Hubert versteht nicht, warum der Gerhard jeden Tag stundenlang den Ameisen zuschaut. Und fragen kann er ihn auch nicht danach. Der Gerhard kann nicht richtig reden. Bloß „Mama“ und „Nein“ kann er sagen. 200 verschiedene Arten leben in Europa. Alles andere, was er sagt, ist ein unverständliches Gebrabbel, aus dem nur seine Mama schlau wird. Ameisen sind ganz besonders starke Tiere. Sie können fünfmal so viel tragen, wie sie wiegen. „So eine stumpfsinnige Glotzerei!“, sagt der Hubert zu den anderen Kindern. Und die anderen Kinder geben ihm Recht. Aber manchmal, wenn weder Gerhard noch die anderen Kinder im Hof sind, dann hockt sich der Hubert auch zu den Mülltonnen und schaut den Ameisen zu. Durch kleinste Mauerritzen gelangen Ameisen in unsere Wohnungen. Ganz im Geheimen hat er nämlich den Verdacht, dass es da schon was zu sehen gibt, etwas, das unheimlich aufregend ist. Etwas, was nur der Gerhard weiß. Besonders beliebt ist die Küche. Dort suchen sie nach allem, was süß ist.

… überall

Der Text auf Seite 16 besteht aus zwei Texten, die miteinander gemischt wurden.
Ein Text ist eine Erzählung von Christine Nöstlinger.
Der andere ist ein Sachtext, der Informationen über Ameisen enthält.

1 Lies den Text in Ruhe durch. Nimm dir dafür Zeit.

2 Entscheide, welche Sätze zu dem Sachtext gehören.
Unterstreiche diese Sätze mit einem grünen Buntstift (mit Lineal).

3 Überlege, welche der folgenden Sätze im Sachtext (S) oder im Erzähltext (E) stehen.
Kreuze S oder E an.

Ameisen wandern in Dreierreihen.	S	E
Ameisen kommen aus einem Riss in der Hausmauer.	S	E
Ameisen gelangen durch kleinste Mauerritzen in Wohnungen.	S	E
Ameisen tragen Beute mit sich.	S	E
Ameisen sind besonders starke Tiere.	S	E
Ameisen suchen nach allem, was süß ist.	S	E
Es gibt 6000 verschiedene Ameisenarten.	S	E

Der Herbst steht auf der Leiter

Peter Hacks

Der Herbst steht auf der Leiter
Und malt die Blätter an,
Ein lustiger Waldarbeiter,
Ein froher Malersmann.

Er kleckst und pinselt fleißig
Auf jedes Blattgewächs,
Und kommt ein frecher Zeisig*,
Schwupp, kriegt der auch nen Klecks.

Die Tanne spricht zum Herbste:
Das ist ja fürchterlich,
Die andern Bäume färbste,
Was färbste nicht mal mich?

Die Blätter flattern munter
Und finden sich so schön.
Sie werden immer bunter.
Am Ende falln sie runter.

** Ein Zeisig ist ein kleiner Vogel.*

Der Herbst steht auf der Leiter
Und malt die Blätter an,
Ein lustiger Waldarbeiter,
Ein froher Malersmann.

Er kleckst und pinselt fleißig
Auf jedes Blattgewächs,
Und kommt ein frecher Zeisig,
Schwupp, kriegt der auch nen Klecks.

Wenn du ein Gedicht vortragen möchtest, musst du es gut vorbereiten. Dann haben die anderen auch Spaß daran.

Zur Vorbereitung gehören vor allem diese Dinge:

- Lies nicht zu schnell, sondern mache Pausen.
- Ein Strich bedeutet: kleine Pause.
- Zwei Striche bedeuten: etwas längere Pause.
- Betone die richtige Wörter.
- Die unterstrichenen Wörter bedeuten: Lies sie lauter als die anderen.

1 Lies die erste Strophe auf der linken Seite einmal so vor, dass man die betonten Wörter und die Pausen deutlich hören kann.

2 Lies die erste Strophe jetzt einmal so vor, wie sie rechts betont wird. Hört euch gegenseitig genau zu. Was gefällt euch besser?

3 Vergleiche auch die zweite Strophe. Links ist alles richtig betont – und rechts falsch.

4 Bereite die dritte und vierte Strophe für das Vorlesen vor. Unterstreiche die Wörter, die du betonen möchtest, und setze die fehlenden Pausenzeichen.

5 Trage das vorbereitete Gedicht in der Klasse vor. Achte darauf, wie die anderen Kinder die Wörter betonen.

Wolliputze

Wolliputze haben ein weiches Fell.
Meistens ist es gelb oder braun.
Der Wolliputz lässt sich gern streicheln.
Mit seinen schwarzen Augen schaut er dich freundlich an.

Welches Tier könnte gemeint sein?
Hamster, Meerschweinchen,
Katze, Hund oder?
Unterstreiche!

Wolliputze sind ganz liebe Tiere.
Manche von ihnen sind klein wie Mäuse
und manche sind so groß wie Hunde.

Und was meinst du jetzt?

____

In seine runden Ohren kannst du sogar reinbeißen.
Das macht ihm gar nichts aus.
Der Wolliputz lässt sich überhaupt fast alles gefallen.
Er kratzt nicht, er beißt nicht, er hat nie schlechte Laune.
Er brummt höchstens einmal.

Die Wolliputze stammen aus Amerika.
Dort gibt es einige, die über hundert Jahre alt geworden sind.

Was ein Wolliputz frisst, möchtest du wissen?
Du wirst es nicht glauben:
Er frisst gar nichts!
Am liebsten schläft er auf deinem Kopfkissen.
Dort kannst du ihn umarmen und streicheln.

Weißt du es jetzt schon besser?

____

1 Lies dir diese Geschichte Absatz für Absatz durch.
Schreibe in die einzelnen Sprechblasen hinein, was du denkst.

2 Schreibe jetzt auf, was ein Wolliputz ist.

Der Wolliputz ist ______________________________

3 Unterstreiche die Stelle im Text, an der dir richtig klar geworden ist,
was der Wolliputz ist.
Und wenn du es nicht herausbekommen hast, dann musst du hinten nachschlagen.

Die Kinder malen

An einem Tisch in der Klasse sitzen fünf Kinder und malen:
Anna, Marie, Theresa, Hotter und Niklas.
Anna malt ein Bild vom Meer.
Theresa malt ein Bild von ihrer Katze.
Niklas weiß noch nicht, was er malen soll. Er guckt sich die Bilder der anderen an.
Hotter hat gerade der Marie den roten Buntstift weggenommen.
Frau Hinz geht von Tisch zu Tisch und schaut, was die Kinder malen.

____________	fragt:	„Was malst du denn gerade?“
____________	antwortet:	„Ein Segelboot.“
____________	fragt:	„Und was soll das da werden?“
____________	antwortet:	„Das siehst du doch! Ein Futternapf.“
____________	schreit:	„Gib mir sofort meinen Stift wieder!“
____________	sagt:	„Sei doch nicht gleich so sauer!“
____________	sagt:	„Nun streitet euch doch nicht. Ihr sollt malen!“
____________	sagt:	„Ich muss nur noch das Feuer von meinem Vulkan rot anmalen. Dann kriegst du deinen Stift wieder.“
____________	schimpft:	„Ich brauche den roten Stift jetzt selbst!“
____________	sagt:	„Hier hast du ihn.“
____________	fragt:	„Und was willst du nun mit deinem tollen Rotstift malen?“
____________	sagt:	„Rotes Feuer, genau wie du. Aber keinen Vulkan, sondern meine Geburtstagskerzen.“
____________	ruft:	„Ich weiß jetzt, was ich male!“
____________	meckert:	„Du malst ja meine Katze ab!“
____________	protestiert:	„Das wird keine Katze. Das wird ein Kater!“
____________	lacht:	„Und der Kater sitzt in meinem Segelboot!“
____________	sagt stolz:	„Die Idee ist doch super! Darauf wäret ihr nicht gekommen!“

1 Lies dir alles erst einmal leise durch.

2 Suche dir einen Partner und versucht, euch die Geschichte gegenseitig vorzulesen. Setzt dabei aus dem Gedächtnis immer die Namen ein, die in die leeren Zeilen passen.

3 Schreibe jetzt die Namen in die leeren Zeilen.

4 Lest euch am Schluss das Ganze noch einmal vor.

5 Ergänze in den Sprechblasen zu jedem Kind einen passenden Satz.

Radio Kakadu

Montag	Dienstag	Mittwoch	Donnerstag	Freitag	Samstag	Sonntag
Info-Tag	Erzähl-Tag	Musik-Tag	Rauskrieg-Tag	Quassel-Tag	Spiel-Tag	Hörspiel-Tag

Tag: ______________________

In dieser Mitmachsendung wird Spaß groß geschrieben. Die Hörer können in die Rolle von Tieren schlüpfen, müssen den Moderator zum Lachen bringen, erklären sich gegenseitig Berufe usw.

Tag: ______________________

Heute werden verschiedene Richtungen vorgestellt:
von der Klassik für Einsteiger über Jazz, Rock und Pop.

Tag: ______________________

Heute dürfen Kinder anrufen, ihre Meinung sagen, mit Erwachsenen diskutieren, Wünsche äußern. Kinder können lernen, offen miteinander zu diskutieren. Erwachsene können sich anhören, was Kinder denken.

Deutschland Radio strahlt täglich Kindersendungen aus. Welche Sendung an welchem Tag läuft, steht in der Tabelle.

Tag: ______________________

Heute werden in der Reihe „Wahr oder gelogen?“ knifflige Fragen beantwortet. Kakadu tritt auch höchstpersönlich auf und geht allen Fragen der Welt nach.

Tag: ______________________

Heute wird über aktuelle Themen gesprochen. Im Mittelpunkt steht das „Was“: Was ist los?
Was ist passiert?
Was ist interessant?

Tag: ______________________

Heute werden die Geschichten durch Musik, Geräusche und die Spielfreude von Schauspielern lebendig.

Tag: ______________________

Heute lesen Schauspieler oder Autoren aus ihren Büchern vor. In den Lesungen hört ihr z. B. Geschichten über den Alltag von Kindern, Märchen, Fabeln, Gedichte, Fantasiegeschichten.

1 Lies dir die Texte durch. Sie beschreiben die verschiedenen Sendungen.

2 Finde heraus, über welche Sendung in dem Text berichtet wird.
Schreibe den passenden Wochentag dazu.

Unterwegs

Mit dem Rad unterwegs

Paul, Elias und Tobi waren mit ihren Fahrrädern unterwegs.
Paul fuhr auf einem alten Rad. Deswegen fuhr er den andern immer hinterher.
Elias fuhr ganz vorn. Er hatte nämlich ein Rad mit sieben Gängen.
Es ging bergauf und bergab. Auf einmal rief Tobi:
„Ich glaube, ich habe meinen Rucksack verloren!
Er lag auf dem Gepäckträger. Und jetzt ist er weg!"
„Hier ist er!", rief ... „Er lag auf der Straße."
Wer hat ihn wohl gefunden?

1 Unterstreiche in der Geschichte die Namen der Jungen.

2 Schreibe die Namen der Reihenfolge nach auf:

Vorn fuhr ____________ , danach ____________ und hinten ____________

3 Wer hat den Rucksack gefunden? Es war ____________

Ausritt auf Pferden

Lotte, Lena und Roberta ritten mit ihren Pferden aus.
Sie ritten schön langsam hintereinander:
Lena vorn und Lotte als Letzte.
Doch dann lief Lottes Pferd plötzlich etwas schneller
und trabte an den anderen beiden vorbei.
Auf einmal rief Lena:
„Haltet mal an! Dein Halstuch ist weggeflogen."
Wem gehörte wohl das Halstuch?

4 Unterstreiche auch hier die Namen.

5 In welcher Reihenfolge ritten die Mädchen zuerst?

Erst ritt ____________ , dann ____________ und zuletzt ____________

6 Dann hat eines der Mädchen die anderen beiden überholt.

Jetzt ritt ____________ vorn, danach ____________ und hinten ____________

7 Wer hat das Halstuch verloren? Es war ____________

Made in Hongkong

Made in Hongkong – das habt ihr sicher schon auf einem eurer Spielzeuge gelesen. Aber wisst ihr auch, was das heißt? Also, ich will es euch erklären. Was Maden sind, wisst ihr, so nennt man die Käfer, wenn sie noch so klein sind, dass sie wie winzige Würmer aussehen.

In einem Garten lebte einmal eine ganze Schar solcher Maden.
Eine davon war besonders klein und wurde von den anderen ständig ausgelacht.
„Du bringst es nie zu etwas!“, sagten sie immer wieder, bis die kleine Made so wütend wurde, dass sie sagte: „Ich bringe es weiter als ihr alle. Ich komme bis nach Hongkong!“, und schnell davonkroch.
„Viele Grüße!“, riefen ihr die anderen nach, „und lass es uns wissen, wenn du in Hongkong angekommen bist!“
Die Made kroch zum Flughafen und konnte sich dort im Spalt einer großen Kiste verstecken. Der Zufall wollte es, dass diese Kiste nach Hongkong geflogen wurde, aber das war noch nicht alles. Die Kiste war nämlich voll Gold, und deshalb wurde sie in Hongkong auf dem Flughafen von Räubern gestohlen, die damit davonfuhren und sie in einem verlassenen Keller versteckten.
Nachher wollten sie eine zweite solche Kiste rauben, wurden aber dabei von der Polizei erschossen.
Jetzt wusste niemand mehr, wo die Kiste mit dem Gold war, außer unserer Made.
Die überlegte sich, wie sie ihren Maden zu Hause mitteilen konnte, dass sie in Hongkong angekommen war. Dabei kam ihr in den Sinn, dass im Garten, wo sie lebten, ein großer Sandhaufen war, in dem viele Kinder spielten. Deshalb kaufte sie mit ihrem Geld alle Spielzeugfabriken in ganz Hongkong und befahl sofort, dass man auf jedes Spielzeug, das nach Europa verkauft wurde, die Nachricht aufdrucken musste: Made in Hongkong.
Ich kann euch sagen, die Maden machten große Augen, als sich die Kinder im Sandhaufen laut vorlasen, was auf ihren neuen Spielzeugen stand.
„Habt ihr das gehört?“, flüsterten die Maden einander zu, „die ist tatsächlich angekommen.“
Franz Hohler

1 Lies dir die Geschichte so oft durch, bis du sie verstanden hast.

2 Kreuze die richtigen Antworten an und markiere die Stelle im Text.
Achtung: Manchmal sind mehrere Antworten richtig.

1 Wie werden Maden in der Geschichte beschrieben?
a) Maden sind eklig.
b) Maden sind Würmer.
c) Maden sehen aus wie winzige Würmer.
d) Maden sind winzige Käfer.

2 Die Maden leben ...
a ... in Hongkong.
b ... überall.
c ... in Scharen im Garten.
d ... auf Wiesen und Blumen.

3 Warum wurde die Made immer ausgelacht?
a) Weil sie nicht so war wie die anderen.
b) Weil sie klein war.
c) Weil sie hässlich war.
d) Weil sie alle verspotteten.

4 Warum will sie nach Hongkong?
a) Es ist ihr langweilig.
b) Sie ist wütend, weil sie verspottet wird.
c) Sie will es weiter als die anderen bringen.
d) Sie flüchtet vor den anderen Maden.

5 Die Made wird Besitzerin einer Kiste.
a) Sie hat die Kiste gestohlen.
b) Sie hat sich in der Kiste versteckt.
c) Die Kiste wurde nicht mehr aufgefunden.
d) Die Kiste wurde ihr geschenkt.

6 Warum kauft sie in Hongkong alle Spielzeugfabriken?
a) Sie weiß, dass Maden gern spielen.
b) Sie will den anderen Maden eine Freude machen.
c) Sie hat eine Idee, wie sie den anderen Maden mitteilen kann, dass sie wirklich in Hongkong ist.
d) Sie mag Spielzeug.

7 Wie erfahren die anderen Maden, dass die kleine Made in Hongkong ist?
a) Die Made lässt auf alles Spielzeug „Made in Hongkong“ aufdrucken.
b) Die Made lässt auf jedes Spielzeug, das nach Europa verkauft wird, „Made in Hongkong“ aufdrucken.
c) Die Made schickt einen Brief aus Hongkong.
d) Die Made schickt ein Foto als Beweis.

8 Dieser Text ist...
a) ... wahr.
b) ... gelogen.
c) ... Blödsinn.
d) ... ein Spiel mit Wörtern.
e) ... von Franz Hohl ausgedacht.
f) ... lustig.

Wer sagt was?

Das Knie blutet

Anna, Julia und Nicola spielen auf der Straße. Plötzlich fällt Julia hin. Sie weint. Die anderen beiden sprechen mit ihr.

Anna: „Was hast du denn?“
Julia: „Ich habe mich an meinem Knie gestoßen.“
Nicola: „Ach, sei doch nicht so zimperlich!“
Julia: „Es tut aber so weh!“
Anna: „Zeig mal her!“
Julia: „Es blutet!“
Nicola: „Das bisschen Blut! Das ist doch nicht so schlimm!“
Anna: „Das sieht aber böse aus!“
Julia: „Hat eine von euch ein Taschentuch? Ich muss mein Knie unbedingt verbinden.“

1 Schreibe in die Zeilen hinein, wer wohl am Schluss gesagt hat:

__________: „Komm her, ich verbinde dir dein Knie.“

__________: „Du bist vielleicht eine Heulsuse!“

2 Unterstreiche oben die Sätze, an denen du sehen konntest, was Nicola am Schluss gesagt hat.

Gedränge auf dem Flur

Die Kinder kommen in den Flur gelaufen. Das ist ein Gedränge! Plötzlich fällt Felix hin. Er ist über den Fuß von Markus gestürzt.

Felix: „Das hast du absichtlich gemacht!“
Markus: „Pass doch auf, wo du hintrittst!“
Felix: „Du hast mir ein Bein gestellt!“
Markus: „Und du hast mich weggeschoben!“
Felix: „Immer machst du so fiese Sachen!“
Markus: „Und du willst immer Erster sein!“
Die beiden streiten noch eine Zeitlang miteinander.

3 Schreibe in die Zeile, wer wohl am Schluss was gesagt hat:

Dann sagt __________: „Ich kann Drängeleien nicht vertragen!“

Und __________ sagt: „Und ich hasse es, wenn einer hinterlistig ist!“

So wird das Wetter

Auf diesem Schaubild kannst du ablesen, wie das Wetter in den nächsten Tagen wird. Die abgebildeten Säulen nennt man Diagramme. Das Wort „Diagramm“ kommt aus dem Griechischen und bedeutet „wie durch eine Zeichnung dargestellt“. An den Säulen kannst du die Temperaturen der einzelnen Tage ablesen und miteinander vergleichen.

Am ______________________________
ist es weitgehend heiter und trocken.
Die Temperaturen klettern am Tage bis auf fast 23° C und sinken in der Nacht auf 12° C.

Am ______________________________
ist es meist wolkig mit Aufheiterungen, dabei gibt es immer wieder einzelne Schauer. Die Temperaturen am Tage erreichen 18° C, nachts liegen die Tiefstwerte bei 8° C.

Am ______________________________
gibt es einen Wechsel von Sonne und Wolken.
Es bleibt aber überwiegend trocken.
Die Temperaturen liegen tagsüber bei 17° C, nachts sinken sie auf 9° C.

Am ______________________________
wechseln Aufheiterungen mit dichten Wolken und einzelnen Schauern.
Es wird am Tag nur 16° C warm, nachts sinkt die Temperatur sogar fast auf den Gefrierpunkt.

Am ______________________________
ist es am Vormittag heiter bis wolkig.
Die Temperaturen klettern bis auf 21° C.
Nachmittags kann es zu einzelnen Gewittern kommen.
Nachts ist kein Frost mehr zu befürchten.

Am ______________________________
ist das Wetter heiter und trocken.
Das Thermometer klettert an geschützten Orten sogar bis auf 25° C.
In der Nacht sinkt die Temperatur auf 15° C.

1 Lies die Texte genau.

2 Ordne jedem Wetterbericht einen Tag zu und schreibe den passenden Wochentag auf die Linie.

Wissenswertes über Pinguine

Pinguine leben in der Antarktis. Man erkennt sie an ihrem Frack, dem schwarzen Rücken und der weißen Bauchseite. Damit tarnen sich die Pinguine. Für ihre Feinde ist ihr weißer Bauch im Meer von unten kaum sichtbar und der schwarze Rücken hebt sich von oben gesehen kaum vom dunklen Meeresboden ab. Pinguine können zwar nicht durch die Luft fliegen, doch mit ihrem Körper und ihren Flügelpaddeln fliegen sie buchstäblich durch das Wasser. Außerdem sind sie hervorragende Taucher. Der Kaiserpinguin, der größte unter den Pinguinen, kann bis zu 535 m tief tauchen. Das ist ein Rekord in der Welt der Meeresvögel. Der kleinste Pinguin ist der Zwergpinguin. Er wird nur 30 cm groß.

An Land watscheln Pinguine über das Eis. Sie tragen ein dichtes Federkleid. Pinguine ernähren sich von Fischen, Krill, Schnee und salzhaltigem Meerwasser. Stell dir vor, bei den Pinguinen gibt es Arten, bei denen das Männchen das Ei ausbrütet und das Weibchen auf die Jagd geht!

Antarktis

Frack

1 Lies dir den Text aufmerksam durch.

2 Nummeriere die Zeilen: 1, 2, 3 usw.

3 Schreibe Wörter, die du nicht kennst, an den rechten Rand und schlage sie im Lexikon oder Wörterbuch nach.

4 Unterstreiche Wörter, die wichtig sind, mit Bleistift und Lineal oder markiere sie mit einem Textmarker.

sind zum Beispiel winzige Schnecken und Krebse und schmecken dem Pinguin.	ist eine schwarze Jacke, die vorn kurz und hinten lang ist.	heißt etwas verbergen oder unsichtbar machen.

ist eine ewige Eislandschaft.	bedeutet zum Beispiel ein Ei durch Wärme zu Leben zu erwecken.	ist eine sportliche Höchstleistung.

5 Ordne den Erklärungen passende Begriffe aus dem Text zu.

kleinster Pinguin	
größter Pinguin	
Tauchstrecke	
Nahrung	
Aussehen	
Lebensraum	
Besonderheiten	

6 Fülle die Tabelle aus und fertige einen Steckbrief für Pinguine an.
Notiere die Zeilen, in denen du die Informationen gefunden hast.

Die Polybius-Tafel

Polybius war ein griechischer Schriftsteller,
der 200 Jahre vor Christus geboren wurde.
Eines seiner Hobbys war es Schriftzeichen zu verschlüsseln.
So erfand er auch die Polybius-Tafel.
Diese Tafel kannst du ganz einfach selbst herstellen:

1. Zeichne auf Karopapier ein Quadrat mit der Kantenlänge 5 cm.
2. Unterteile das Quadrat in 25 Felder, also in 5 Zeilen und 5 Spalten.
3. Nummeriere die Spalten und die Zeilen von 1 bis 5.
4. Schreibe nun die Buchstaben des Alphabets in die Kästchen.
(Die Buchstaben I und J müssen sich ein Kästchen teilen.)

	1	2	3	4	5
1	A	B	C	D	E
2				I/J	
3					
4					
5					

5. Jeder Buchstabe entspricht einem Zahlenpaar.
Suche dafür zu dem Buchstaben erst die Zahl links in der Zeile und dann die Zahl oben in der Spalte.
Beispiel: S ist 43, M ist 32.
6. Entschlüssle die folgenden Zahlenkombinationen.

24 33 – 14 24 15 43 15 42 – 25 24 43 44 15 – 24 43 44 – 15 24 33 –
43 13 23 11 44 55 – 51 15 42 12 34 42 22 15 33

7. Schreibe die Botschaft auf:

Was steht wo?

1

Stubenkater erhält ein Hörgerät

WILHELMSHAVEN. Leo ist ein ganz gewöhnlicher Stubenkater, neun Jahre alt, tiefschwarz mit grauen Strähnen. Sein Leben spielt sich zwischen Sofa und Küchentisch ab. Die einzige Besonderheit: Leo ist seit sechs Jahren fast taub.

Eine Annonce mit dem Titel „Schwerhörige Katze gesucht“ veranlasste Frauchen Susanna Hohmann indes mit dem Hörgeräte-Akustiker Hans-Rainer Kurz aus Wiesmoor in Ostfriesland Kontakt aufzunehmen. Dieser operierte Leo dieser Tage ein selbst entwickeltes digitales Hörgerät ein. Erste Tests ergaben, dass Kater Leo wieder hören kann und nun selbst auf leise Geräusche reagiert. dpa

2

ZU DEN ZAHLREICHEN AFFENARTEN gehören Tiere, die gerade mal 70 Gramm wiegen, und solche, die ein Gewicht von 250 Kilo erreichen können. Asiatische Affen haben keinen Greifschwanz, den sie um einen Ast wickeln und an dem sie hängen könnten. Mit einem solchen Schwanz sind nur die in Amerika lebenden Affen ausgestattet. Der typischste Vertreter der asiatischen Affen ist wohl der Orang-Utan. Er lebt überwie… Bäumen und begibt sich nur selten auf den Bod…

3

er **lief** → laufen
lie|fern; die Lieferung
lie|gen, er liegt, ich lag, ich habe gelegen;
liegen lassen → lassen;
die Liege; der Liegestuhl
er **liest** → lesen

4

Probier es aus!
Du kannst einen einfachen Stromkreis stellen. Es ist sehr einfach, du musst je… geben, dass alle Kontakte festsitzen.

Das brauchst du
eine Batterie
Kabel
eine Birne mit Fassung
Büroklammern/Krokodilklemmen
verschiedene Haushaltsgegenstände

1 Aus dem Kabel schneidest du zwei 1… Stücke. Von den Enden entfernst du di… ohne das Kabel zu durchschneiden.

2 Unter jeder Klemmschraube der Fa… festigst du jeweils ein Kabelende.

5

das studentenreisebüro
Mühlenpfordtstraße 18
Telefon .... (05 31) 23 89 00
info@studentenreisebuero.de
www.studentenreisebuero.de

Dedolf, Leipziger-211 .... 26 12 60
Demmerich, R. 35 51 45
DERPART Reisebüro Touristik,
Caspari-1 .... 2 42 83 10
Telefax 4 28 39
discount travel, Steinweg 44 .... 24 27 20

DUBE + KUHL NACHF.
Sonnenstr.10 .... (05 31) 1 30 41
Last-minute .... (05 31) 40 02 82

Euro Lloyd Reisebüro GmbH & Co. KG,
Steinweg 19 .... 24 34 80
Telefax 2 43 48 50

6

endlich: »Da habe ich dir eine Schüssel Linsen in die Asche geschüttet, wenn du die Linsen in zwei Stunden wieder aufgelesen hast, so sollst du mitgehen.« Das Mädchen ging durch die Hintertür nach dem Garten und rief: »Ihr zahmen Täubchen, ihr Turteltäubchen, all ihr Vöglein unter dem Himmel, kommt und helft mir lesen,

die guten ins Töpfchen,
die schlechten ins Kröpfchen.«

1 Lies dir die Textausschnitte genau durch. Aus welchen Büchern stammen die Texte? Schau auf Seite 41 und ordne die Texte den richtigen Büchern zu.

2 Sieh dir die Titelbilder auf Seite 41 an. Welches Titelbild gehört zu welchem Text? Schreibe neben jedes Titelbild die richtige Nummer.

Bundesjugendspiele

Die dritte und die vierte Klasse führen Bundesjugendspiele durch.
Auf dem Programm stehen: 50-Meter-Lauf, Schlagballweitwurf und Weitsprung.
Es werden Ehrenurkunden, Siegerurkunden und Teilnehmerurkunden vergeben.
Für die Urkunden müssen folgende Punktzahlen erreicht werden:

Mädchen	Siegerurkunde	Ehrenurkunde
8 Jahre	650	950
9 Jahre	750	1150
10 Jahre	900	1300
Jungen	**Siegerurkunde**	**Ehrenurkunde**
8 Jahre	800	1200
9 Jahre	1000	1400
10 Jahre	1150	1600

In den folgenden Tabellen kannst du erkennen,
wie viele Punkte es für die einzelnen Leistungen gibt.

50-Meter-Lauf

Sekunden	12,0	11,5	11,0	10,5	10,0	9,5	9,0	8,5	8,0	7,5	7,0	6,5	6,0
Punkte	42	67	95	125	158	194	234	279	330	386	451	525	612

Weitsprung

Meter	1,41	1,85	2,05	2,25	2,57	3,01	3,45	4,01	4,49	5,05	5,85	6,05	6,45
Punkte	16	95	128	159	206	266	322	389	442	500	579	597	634

Schlagball (80 g)

Meter	10,0	15,0	20,0	25,0	30,0	35,0	40,0	45,0	50,0	55,0	60,0	65,0	70,0
Punkte	32	97	152	200	243	287	320	355	388	419	449	478	506

1 Lena springt 3,45 m. Sie läuft 9,0 Sekunden und wirft – das kann sie besonders gut – 40,0 m. Lena ist 9 Jahre alt. Welche Urkunde erhält sie? Markiere die richtige Antwort.

Ehrenurkunde	Siegerurkunde	Teilnehmerurkunde

2 Ihr Freund Basti, der zum Zeitpunkt der Bundesjugendspiele 8 Jahre alt ist, läuft 8,5 Sekunden, springt 4,01 m und wirft wie Lena 40,0 m.
Welche Urkunde erhält Basti? Markiere die richtige Antwort.

Ehrenurkunde	Siegerurkunde	Teilnehmerurkunde

3 Sport ist nicht das Lieblingsfach von Sara.
Trotzdem hat die Zehnjährige viel trainiert und läuft die 50 Meter in 8,5 Sekunden.
Nach zwei Fehlsprüngen schafft sie beim dritten Versuch 3,45 m.
Und den Schlagball wirft sie so weit wie nie zuvor: 35,0 m.
Welche Urkunde erhält Sara? Markiere die richtige Antwort.

Ehrenurkunde	Siegerurkunde	Teilnehmerurkunde

4 Mehmets Lieblingsdisziplin ist der Weitsprung.
Hier schafft der Neunjährige im ersten Versuch gleich 6,05 m.
Aber auch in den anderen beiden Disziplinen sind seine Leistungen prima:
7,5 s beim Laufen und 60,0 m beim Werfen.
Welche Urkunde erhält Mehmet? Markiere die richtige Antwort.

Ehrenurkunde	Siegerurkunde	Teilnehmerurkunde

5 Lea verpasst beim Laufen den Start und braucht 9,5 s für die Strecke.
Beim Springen schafft sie 5,05 m.
Besonders stolz ist die Achtjährige auf ihr Wurfergebnis: 45,0 m.
Welche Urkunde erhält Lea? Markiere die richtige Antwort.

Ehrenurkunde	Siegerurkunde	Teilnehmerurkunde

6 Björn ist 9 Jahre alt. Im Sport mag er am liebsten Fußball spielen.
Leichtathletik gefällt ihm dagegen weniger. Trotzdem läuft er die 50 Meter in 9,0 s.
Beim Werfen fliegt sein Ball über 45,0 m.
Im Weitsprung strengt er sich zum Schluss noch mal richtig an und landet bei 4,01 m.
Welche Urkunde erhält Björn? Markiere die richtige Antwort.

Ehrenurkunde	Siegerurkunde	Teilnehmerurkunde

Zeitung lesen und verstehen

15-Jähriger lebte von Diebstählen

Oldenburg (mak). Ein 15 Jahre alter Jugendlicher aus Oldenburg hat vier Wochen lang seinen Lebensunterhalt mit Ladendiebstählen und Autoaufbrüchen bestritten. Am Donnerstagmorgen fasste ihn die Polizei, als er gerade dabei war, ein Auto aufzubrechen. Der Oldenburger war Mitte März in Frankreich aus einer so genannten heilpädagogischen Intensivbetreuung geflohen und in seine Heimatstadt zurückgekehrt. In dem Heim hatte ihn das Jugendamt untergebracht, weil er bereits mehrmals Diebstähle und Einbrüche begangen hatte.

Als die Polizisten ihn festnehmen wollten, drohte er, auf diese mit einer Pistole zu schießen. Der 15-Jährige war aber unbewaffnet. In seiner Vernehmung gab er zu fast täglich einen Ladendiebstahl begangen zu haben. Außerdem habe er seit Mitte März dreimal Jugendliche beraubt, rund 40 Autos aufgebrochen und nahezu 30 Fahrräder gestohlen. Ein Richer erließ gegen den Jugendlichen am Donnerstag Haftbefehl.

1 Warum wurde Haftbefehl gegen den Jungen erlassen?
- a) Wegen Ladenaufbrüchen.
- b) Wegen Banküberfällen.
- c) Wegen Raubes an Jugendlichen.
- d) Wegen Autodiebstahls.
- e) Wegen Autoaufbrüchen.
- f) Wegen Fahrraddiebstahls.
- g) Wegen Waffenbesitzes.

2 Warum ist der Junge aus dem Heim geflohen?
- a) Weil er Heimweh hatte.
- b) Weil er nach Hause zu seinen Eltern wollte.
- c) Weil der Heimleiter zu streng war.
- d) Weil er Lust hatte, wieder Straftaten zu begehen.
- e) Davon steht nichts im Text.

3 Weshalb war der Junge in Frankreich?
- a) Weil er dort Urlaub machen wollte.
- b) Weil er dort im Gefängnis seine Strafe absitzen musste.
- c) Weil er dort lernen sollte, sich an Regeln und Gesetze zu halten.

4 Wie verhält sich der Junge in der Vernehmung durch die Polizei?
- a) Er ist bockig und sagt nichts.
- b) Er bedroht die Polizisten mit einer Pistole.
- c) Er gibt bereitwillig alle Straftaten zu.
- d) Er verlangt einen Anwalt.

1 Lies die Zeitungsnachricht und beantworte die Fragen.
Kreuze die richtigen Antworten an.
Achtung: Manchmal sind auch mehrere Antworten richtig.

2 Dieser Artikel ist aus einer Zeitung ausgeschnitten.
Was glaubst du, auf welcher Seite der Artikel stand? Kreuze an.

- ○ Auf der Sportseite.
- ○ Auf der Seite mit den Anzeigen.
- ○ Im Wirtschaftsteil.
- ○ Auf der Seite mit den politischen Nachrichten.
- ○ Auf der Seite mit den Nachrichten aus Deutschland.

Gibt es ein Recht auf Taschengeld?

Das ist eine Frage, die Kinder immer wieder stellen. Einige Kinder meinen, dass die Eltern verpflichtet sind ihnen wöchentlich oder monatlich Taschengeld zu zahlen.
Wenn sie kein Taschengeld bekommen, sind sie sauer. Unter Kindern kommt es auch oft zu Streitigkeiten, weil sie unterschiedlich viel Taschengeld erhalten. Viele Kinder wollen gar kein Taschengeld und lassen sich lieber alles von den Eltern bezahlen. Mütter und Väter nutzen das Zahlen von Taschengeld oft als Belohnung und das Nichtzahlen als Strafe.
Das Thema Taschengeld ist also oft ein Anlass zum Streiten. Das muss aber nicht sein, wenn Eltern und Kinder Folgendes wissen und sich danach richten:
Es gibt kein Gesetz, das Eltern vorschreibt ihren Kindern Taschengeld zu zahlen. Damit Kinder aber lernen mit Geld vernünftig umzugehen, sollten sie Taschengeld bekommen. Es gibt sogar eine Taschengeldliste, an der Kinder und Eltern sich orientieren können. In der ersten Spalte steht das Alter der Kinder, in der zweiten Spalte kann man ablesen, wie viel Taschengeld wöchentlich (am besten sonntags) ausgezahlt werden sollte.

Alter/Jahre	3	4	5	6	7	8	9	10	11	12
€ pro Woche	0,15	0,35	0,45	0,70	1,00	1,30	1,70	2,20	2,85	3,25

Taschengeld ist Taschengeld.
Kinder brauchen vom Taschengeld keine Schulmaterialien oder notwendige Gebrauchsgegenstände zu bezahlen. Taschengeld sollte von den Eltern zuverlässig gezahlt werden und nicht zur Strafe gekürzt werden.

1 Lies den Text gut durch.

2 Schau dir die folgenden Aussagen an und entscheide, ob sie richtig (R) oder falsch (F) sind. Kreuze den jeweiligen Buchstaben an.

R F Jedes Kind hat ein Recht auf Taschengeld.
R F Kinder können die Höhe ihres Taschengeldes bestimmen.
R F Es gibt kein Gesetz, das vorschreibt, dass Eltern Taschengeld zahlen müssen.
R F Eltern müssen das Taschengeld wöchentlich am Sonntag auszahlen.
R F Mit sechs Jahren erhält ein Kind laut Tabelle monatlich 4,00 Euro Taschengeld.
R F Taschengeld erzieht Kinder sparsam mit Geld umzugehen.
R F Laut Tabelle kann man schon Dreijährigen Geld geben.
R F Vom Taschengeld sollten keine Schulsachen gekauft werden.
R F Für gute Leistungen müssen Kinder mit Taschengeld belohnt werden.
R F Mit neun Jahren erhält man laut Tabelle vier Euro mehr als mit sechs Jahren.
R F Manche Kinder wollen kein Taschengeld, sondern lieber jedes Mal um Geld fragen.

Computer-Fachsprache

Du kennst dich sicher mit dem Computer aus
und kennst viele Wörter aus der Computersprache.
Das alles sind spezielle Wörter, die wir aus anderen Sprachen
ins Deutsche übernommen haben.
Schau dir das Bild genau an und überprüfe,
ob du alle Teile sicher benennen kannst.

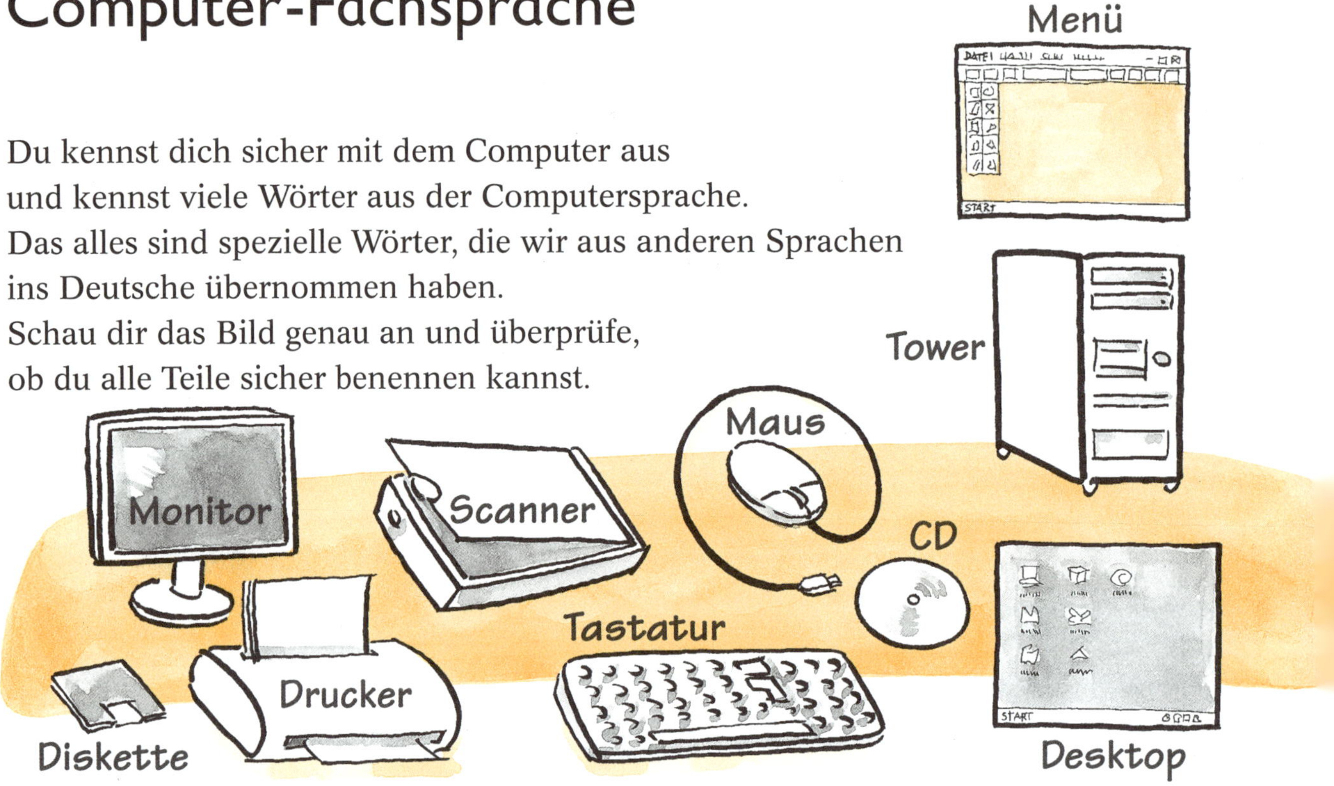

Susanne hat Daniela eine **Speicherplatte** mit Spielen ausgeliehen. Daniela schaltet die **elektronische Rechenanlage** an. Sie möchte die neue **weiche Ware einbauen.** Auf der **Schreibtischplatte** schaut sie sich die **Mahlzeit mit verschiedenen Gerichten** an. Die **weiche Ware** ist langweilig und sie will lieber im **weltweiten Netz von miteinander verbundenen Computern** Susanne eine **elektronische Nachricht** übermitteln. Danach **sucht** sie **nach Informationen.** Eine halbe Stunde war sie **in direkter Verbindung.** „Du hast eine teure **Freizeitbeschäftigung“**, meint ihr Bruder.

Desktop
installieren
Software
E-Mail
Internet
Hobby
CD
online
surft
Computer
Menü

In diesem Text sind alle Wörter der Computersprache ins Deutsche übersetzt.

1 Lies dir zuerst den Text aufmerksam durch.

2 Ersetze beim zweiten Lesen die gekennzeichneten Stellen durch den passenden Fachbegriff.

3 Achte beim dritten Lesen darauf, dass sich auch einige Artikel und Endungen ändern.

4 Lies den Text mit einem Partner. Einer liest den Text. Der andere Partner spricht den Satz und ersetzt die Umschreibungen durch passende Fachbegriffe.

Stolpersteine beim Lesen

1	Adr.	7	Tel.	13	geb.	19	Str.	25	Dr.
2	mm	8	kath.	14	WC	20	Whg.	26	z. Z.
3	u.	9	Jh.	15	S.	21	bzw.	27	etc.
4	u. a.	10	vgl.	16	km	22	l	28	g
5	usw.	11	kg	17	Nr.	23	m	29	cm
6	Abs.	12	z. B.	18	Hbf.	24	Std.	30	PLZ

1 Lies die Abkürzungen.
Male die Kästchen aller Abkürzungen an, die du kennst.

- ◯ Kilometer
- ◯ Straße
- ◯ und
- ◯ Kilogramm
- ◯ Stunde
- ◯ geboren
- ◯ Nummer
- ◯ Adresse
- ◯ katholisch
- ◯ Zentimeter
- ◯ Telefon
- ◯ Meter
- ◯ Seite
- ◯ Jahrhundert
- ◯ Absender
- ◯ Doktor
- ◯ zur Zeit
- ◯ vergleiche
- ◯ Liter
- ◯ Wohnung
- ◯ und so weiter
- ◯ Millimeter
- ◯ Wasserklosett
- ◯ unter anderem
- ◯ beziehungsweise
- ◯ Hauptbahnhof
- ◯ zum Beispiel
- ◯ et cetera (und so weiter)
- ◯ Gramm
- ◯ Postleitzahl

2 Ordne den Erklärungen passende Abkürzungen zu.
Schreibe die richtigen Ziffern in die Kreise.

3 Übe die Abkürzungen mit einem Partner.
A nennt die Nummer des Stolpersteines, zum Beispiel „18“.
B sagt: „Hauptbahnhof.“
Dann sagt B eine Nummer und A antwortet mit dem passenden Wort.

Lösungen

Seite 2/3 – Aufgabe 1 und 2:
Aal, Affe, Ameise
Bär, Biene
Collie
Dickbauchschwein, *Drache*
Ente, *Esel*
Fliege, *Frosch*
Gans, Giraffe
Hering, Hornisse
Igel
Jaguar
Katze, Krokodil
Lama, Leopard
Meerschweinchen
Nacktschnecke, Nilpferd
Orang-Utan, *Ochse*
Pferd
Qualle
Ratte, Regenwurm
Seehund, *Spinne*
Tiger, *Tintenfisch*
Uhu
Vogelspinne
Walfisch, *Wespe*
X-Bein-Dackel
Yak
Zaunkönig, Zebra

Seite 3 – Aufgabe 3:
1 Salamander
2 Schäferhund
3 Schlammspringer
4 Schmetterling
5 Schmierfink
6 Schnecke
7 Schneehase
8 Scholle
9 Seeigel
10 Seepferdchen
11 Seidenspinner
12 Spatz
13 Specht
14 Storch

Seite 3 – Aufgabe 4:
<u>Schmierfink</u>

Seite 4 – Aufgabe 1:
Dieses Gedicht hat *12 Verse.*

Seite 4 – Aufgabe 2:
Dieses Gedicht hat *3 Strophen.*
Jede Strophe hat *4 Verse.*

Seite 4 – Aufgabe 3:
Blitz – spitz, stumm – rummbumm, schwer – her

Seite 4 – Aufgabe 4:
Der erste Vers besteht aus einem *Satz.*
Die *dritte* Strophe besteht aus einem einzigen Satz.
Der *zweite* und der *vierte* Vers in jeder Strophe reimen sich.

Seite 5 – Aufgabe 2:
Streiche durch.

Seite 5 – Aufgabe 2:
~~Führe diesen Arbeitsauftrag in dieser Zeile durch.~~

Seite 6 – Aufgabe 2:
17 Nomen

Seite 7 – Aufgabe 3:
Kira bricht zusammen.
Lena macht sich ein.
Kira bricht.
Der Hamster geht ein.

Seite 8 – Aufgabe 2:
Familie, Name, Mutter, Kinder, Melodika, Vater, Meerschwein, Vater, Sein, Die, Milch, Mandarinen, Rosinen, Maximilian, Marzipan

Seite 8 – Aufgabe 4:
Monika muss Melodika spielen,
nicht auf der Trommel schlagen.

Seite 9 – Aufgabe 3:
Der *Kater Bogumil* wird die *Meise Pinkepank* auf dem *Ei* im *Nest* auf dem *Zweig* am *Ast* vom *dicken Apfelbaum* niemals erwischen.

Seite 10 – Aufgabe 2:
Nicki sagt etwas Falsches.
~~Jede Stunde schlägt es laut: Bong, bong!~~

Seite 10 – Aufgabe 3:
Der Wecker fehlt.

Seite 16/17 – Aufgabe 2:
Sachtext: 6000 verschiedene Ameisenarten gibt es auf der Erde. Ameisen leben in einer sehr gut organisierten Gemeinschaft, in der jede Ameise ganz klare Aufgaben hat. 200 verschiedene Arten leben in Europa. Ameisen sind ganz besonders starke Tiere. Sie können fünfmal so viel tragen, wie sie wiegen.
Durch kleinste Mauerritzen gelangen Ameisen in unsere Wohnungen. Besonders beliebt ist die Küche. Dort suchen sie nach allem, was süß ist.

Seite 16/17 – Aufgabe 3:

Ameisen wandern in Dreierreihen.	E
Ameisen kommen aus einem Riss in der Hausmauer.	E
Ameisen gelangen durch kleinste Mauerritzen in Wohnungen.	S
Ameisen tragen Beute mit sich.	E
Ameisen sind besonders starke Tiere.	S
Ameisen suchen nach allem, was süß ist.	S
Es gibt über 6000 verschiedene Ameisenarten.	S

Seite 19 – Aufgabe 2:
Ein Wolliputz ist ein Teddybär.

Seite 20/21 – Aufgabe 2:
Niklas fragt; Anna antwortet; Niklas fragt; Theresa antwortet; Marie schreit; Hotter sagt; Frau Hinz sagt; Hotter sagt; Marie schimpft; Hotter sagt; Hotter fragt; Marie sagt; Niklas ruft; Theresa meckert; Niklas protestiert; Anna lacht; Niklas sagt stolz

Seite 22 – Aufgabe 2:
Montag: Heute wird über aktuelle Themen gesprochen ...
Dienstag: Heute lesen Schauspieler oder Autoren aus ihren Büchern vor ...
Mittwoch: Heute werden verschiedene Richtungen vorgestellt ...
Donnerstag: Heute werden in der Reihe „Wahr oder gelogen?“ ...
Freitag: Heute dürfen Kinder anrufen ...
Samstag: In dieser Mitmachsendung wird Spaß groß geschrieben ...
Sonntag: Heute werden Geschichten durch Musik ... lebendig.

Seite 23 – Aufgabe 2:
Vorn fuhr *Elias,* danach *Tobi* und hinten *Paul.*

Seite 23 – Aufgabe 3:
Es war *Paul.*

Seite 23 – Aufgabe 5:
Erst ritt *Lena,* dann *Roberta* und zuletzt *Lotte.*

Seite 23 – Aufgabe 6:
Jetzt ritt *Lotte* vorn, danach *Lena* und hinten *Roberta.*

Seite 23 – Aufgabe 7:
Es war *Lotte.*

Seite 24/25 – Aufgabe 2:
1c, 1d; 2c; 3b; 4b, 4c; 5b, 5c; 6c; 7b; 8b, 8c, 8d, 8f

Seite 26 – Aufgabe 1 und 2:
Anna: „Komm her, ich verbinde dir dein Knie!“
(„Das sieht aber böse aus!“)
Nicola: „Du bist vielleicht eine Heulsuse!“
(„Ach sei doch nicht so zimperlich!“; „Das bisschen Blut! Das ist doch nicht so schlimm!“)

Seite 26 – Aufgabe 3:
Dann sagt *Markus:* „Ich kann Drängeleien nicht vertragen!“
Und *Felix* sagt: „Ich hasse es, wenn einer hinterlistig ist!“

Seite 27 – Aufgabe 2:
Am *Donnerstag* wechseln Aufheiterungen mit dichten Wolken ...
Am *Freitag* ist es meist wolkig mit Aufheiterungen ...
Am *Samstag* gibt es einen Wechsel von Wolken und Sonne ...
Am *Sonntag* ist es am Vormittag heiter bis wolkig ...
Am *Montag* ist es weitgehend heiter und trocken ...
Am *Dienstag* ist das Wetter heiter und trocken ...

Seite 28/29 – Aufgabe 5:
Krill sind zum Beispiel winzige Schnecken und Krebse ...
Frack ist eine schwarze Jacke ...
Tarnen heißt etwas verbergen oder unsichtbar machen.
Antarktis ist eine ewige Eislandschaft.
Ausbrüten bedeutet zum Beispiel ein Ei durch Wärme ...
Rekord ist eine sportliche Höchstleitung.

Seite 28/29 – Aufgabe 6:

kleinster Pinguin	Zwergpinguin (Zeile 11–12)
größter Pinguin	Kaiserpinguin (Zeile 9–10)
Tauchstrecke	bis zu 535 Meter (Zeile 10)
Nahrung	Fische, Krill, Schnee, Meerwasser (Zeile 14–15)
Aussehen	schwarzer Rücken, weißer Bauch (Zeile 1–2)
Lebensraum	Antarktis (Zeile 1)
Besonderheiten	gut getarnt (Zeile 3–6), können nicht fliegen (Zeile 6–7), Männchen brüten auch (Zeile 16–17)

Seite 30 – Aufgabe 7:
In dieser Kiste ist ein Schatz verborgen.

Seite 31 – Aufgabe 1:
1 Zeitung
2 Tierlexikon
3 Wörterbuch
4 Sachbuch
5 Gelbe Seiten
6 Märchenbuch

Seite 32/33 – Aufgabe 1:
Siegerurkunde

Seite 32/33 – Aufgabe 2:
Siegerurkunde

Seite 32/33 – Aufgabe 3:
Teilnehmerurkunde

Seite 32/33 – Aufgabe 4:
Ehrenurkunde

Seite 32/33 – Aufgabe 5:
Ehrenurkunde

Seite 32/33 – Aufgabe 6:
Teilnehmerurkunde

Seite 34 – Aufgabe 1:
1a, 1c, 1e, 1f; 2e; 3c; 4b, 4c

Seite 34 – Aufgabe 2:
Auf der Seite mit den Nachrichten aus Deutschland.

Seite 35 – Aufgabe 2:

R ~~F~~	Jedes Kind hat ein Recht auf Taschengeld.
R ~~F~~	Kinder können die Höhe ihres Taschengeldes bestimmen.
~~R~~ F	Es gibt kein Gesetz, das vorschreibt, dass Eltern Taschengeld ...
R ~~F~~	Eltern müssen das Taschengeld wöchentlich am Sonntag auszahlen.
R ~~F~~	Mit sechs Jahren erhält ein Kind laut Tabelle monatlich 4,00 Euro ...
~~R~~ F	Taschengeld erzieht Kinder sparsam mit Geld umzugehen.
~~R~~ F	Laut Tabelle kann man schon Dreijährigen Geld geben.
~~R~~ F	Vom Taschengeld sollten keine Schulsachen gekauft werden.
R ~~F~~	Für gute Leistungen müssen Kinder mit Taschengeld belohnt werden.
R ~~F~~	Mit neun Jahren erhält man laut Tabelle vier Euro mehr als mit sechs Jahren.
~~R~~ F	Manche Kinder wollen kein Taschengeld, sondern lieber jedes Mal um Geld fragen.

Seite 36 – Aufgabe 2 und 3:
Susanne hat Daniela eine *CD* mit Spielen ausgeliehen. Daniela schaltet *den Computer* an. Sie möchte die neue *Software installieren*. Auf dem *Desktop* schaut sie sich das *Menü* an. Die *Software* ist langweilig und sie will lieber im *Internet* Susanne eine *E-Mail* übermitteln. Danach *surft* sie. Eine halbe Stunde war sie *online*. „Du hast *ein teures Hobby*", meint ihr Bruder.

Seite 37 – Aufgabe 2:

16 Kilometer	7 Telefon
5 und so weiter	19 Straße
23 Meter	2 Millimeter
3 und	15 Seite
14 Wasserklosett	11 Kilogramm
9 Jahrhundert	4 unter anderem
24 Stunde	6 Absender
21 beziehungsweise	13 geboren
25 Doktor	18 Hauptbahnhof
17 Nummer	26 zur Zeit
12 zum Beispiel	1 Adresse
10 vergleiche	27 et cetera
8 katholisch	22 Liter
28 Gramm	29 Zentimeter
20 Wohnung	30 Postleitzahl